国家级非物质文化遗产

华佗五禽戏
基本功法教程

夏克平　编著

人民體育出版社

图书在版编目（CIP）数据

华佗五禽戏基本功法教程 / 夏克平编著. -- 北京：人民体育出版社, 2021（2022.2重印）

ISBN 978-7-5009-6037-9

Ⅰ. ①华… Ⅱ. ①夏… Ⅲ. ①五禽戏(古代体育)—教材 Ⅳ. ①G852.9

中国版本图书馆CIP数据核字(2021)第074678号

*

人民体育出版社出版发行

国铁印务有限公司印刷

新 华 书 店 经 销

*

710×1000 16开本 6.5印张 60千字

2021年11月第1版 2022年2月第2次印刷

印数：3,801—5,300册

*

ISBN 978-7-5009-6037-9

定价：32.00元

社址：北京市东城区体育馆路8号（天坛公园东门）

电话：67151482（发行部） 邮编：100061

传真：67151483 邮购：67118491

网址：www.sportspublish.cn

参编人员

田　雨　　马天才　　邱鹏栋

李艳玲　　黄　英　　周　琦

序　言

导引又称气功，作为中医药健康养生文化的重要组成部分，在我国有着五千多年的发展历史，深受历代养生家所推崇。在中华民族进入新时代的今天，导引迎来了千载难逢的发展机遇，正走进百姓生活并走向世界。五禽戏是我国最早形成并施用于防治疾病的系统仿生导引套路，集前人导引之精华，传导引之本貌，一直广传于民间，深受百姓喜爱，对后世多种气功功法的形成与发展有着重要影响。华佗曰：“人体欲得劳动，但不当使极尔。动摇则谷气得消，血脉流通，病不得生，譬犹户枢不朽是也。是以古之仙者为导引之事，熊经鸱顾，引挽腰体，动诸关节，以求难老。吾有一术，名五禽之戏，一曰虎，二曰鹿，三曰熊，四曰猿，五曰鸟，亦以除疾，并利蹄足，以当导引。”五禽戏的套路功法最早载录于南北朝时期陶弘景的《养性延命录·导引按摩篇》，所载的术式虎、鹿、熊戏为匍匐式，猿戏为悬吊式，鸟戏为立式，动作特征原始仿生已无以复加，当属初创。五禽戏受老子道法自然思想影响，模仿动物动作习性，以作仿生导引功法。由于时代的发展和社会文明的进步，立式仿生导引五禽戏套路功法应运而生，所需习练条件简约，便于演练、传授与推广，易于为各类人群所接受。华佗原创的匍匐式及悬吊式的五禽戏套路功法，终被立式套路功法所取代，这也是后来五禽戏套路功法流传派系歧多的一个原因。

华佗编创五禽戏使汉代仿生导引套路动作得到统一，作为健身祛病的系统导引功法，在明确仿生导引主要功理的同时，还强调了导引修炼的功量标准。其一，一次练功“以汗出为度”“遣微汗出即止”；可以五戏连贯习练，也可选练某戏；“体中不快，起作一禽之戏”，如果身体不舒服，起来做其中一种禽戏；并指出“不当使极尔”，强调运动不宜过度。其二，每天练功的功量要“任力为之”，视个人体力而定，不宜勉强苛求。其三，练功要循序渐进，持之以恒，勿急于求成、一蹴而就。“人身常摇动则谷气消，血脉流通，病不生”“能存行之者必得延年”。这些对功量的基本要求，至今仍为气功动功练功标准及运动疗法应用的基本原则所借鉴。

五禽戏的习练目的各有不同，有以健身祛病为主，重视精气神的；有以强筋壮骨为主，重视筋骨皮的。有练刚劲的，还有练柔劲的。2011年5月，华佗故里亳州市申报的“华佗五禽戏”经国务院批准列入第三批国家级非物质文化遗产名录（国发〔2011〕14号，传统体育类，序号1146，项目编号Ⅵ－63），其根植于中医学土壤而发展，以健身祛病为宗旨，动静结合，内外兼修，适合各类人群习练。随着国家对优秀传统中医气功的保护与推广，开始进入科学保护、传承发展与规范管理的新时期。

国家级非物质文化遗产华佗五禽戏第57代传人董文焕先师（1920年11月28日—2012年1月16日），在所著《亳州华佗五禽戏》开篇“五禽戏的功能与作用”中指出：“五禽戏属于气功的一种动功，又属象形套路，借着某种形象，锻炼身体，练形取意，为我所用。”并在该著第一式虎戏坐洞运爪功法分解中明确指出：“动作要缓慢不宜快，用逆腹式呼吸法，吸气小腹丹田抽起(凹)，呼气小

腹隆起（凸），……运用小周天运行呼吸法……由于呼吸缓慢深长，使横膈膜升降，对脏器官起到按摩作用。”阐明了动作缓慢、逆腹式呼吸、丹田呼吸、周天功运气、息相呼吸（呼吸缓慢深长）等系统基本功法，对于该功法的传承来说堪称经典。

气功炼气是一种讲究基本功法、身体力行、熟以生巧的技能，并非藏而不宣的秘术，所谓的功夫要靠规范的指导操作和持之以恒地练习，自然而然达到。假若异想天开，轻浮急躁，急功近利，则无功夫可言。不同的习练者对于华佗五禽戏系统基本功法的认知和练法存在一定程度的差异，同一术式同一动作，有人练得慢，有人练得快，有人则忽快忽慢。形体方面有的似拳术，有的似体操，有的似舞蹈，有的似秧歌。孰是孰非，见仁见智，令爱好者莫衷一是。笔者作为第58代传人，恪守先师遗训，除了自身坚持习练以健身祛病，还有责任把功法原原本本传承下去，让更多的健身需求者受益。笔者曾编著《华佗五禽戏》并遵循“保护为主、抢救第一、合理利用、传承发展”的原则，借鉴《中医气功学》理论观点，对先师董文焕先生传承的国家级非物质文化遗产《华佗五禽戏套路54式》进行功法标准整理与临床应用研究，以期规范完善。同时，结合中医临床施功实际，编创《五禽戏健身功法》和《五禽戏气功疗法》。其中编创的《五禽戏健身功法》于2017年7月正式成为中国医学气功学会推荐功法，即中医气功推荐功法华佗五禽戏，简称中医气功五禽戏。此功法于2019年12月列入中华中医药学会适宜技术国际推广合作共同体培育项目。

为了保护国家级非物质文化遗产华佗五禽戏不失导引本貌，传承导引精髓，有必要对其系统基本功法予以阐释介绍，在运用上加以示范，便于爱好者了解把握，减少人们对这一功法存在的认知和练法上的差异。系统基本功法的总结整理并非标新立异，也非空中楼阁，而是秉承先哲遗训，在功法习练实践中反复验证得来。其源自历代传承人的实践，并在实践中验证、改进与提升，从而不断规范与完善。

相信随着国家对传统中医气功的推广，对非物质文化遗产的科学保护与规范管理，国家级非物质文化遗产华佗五禽戏这一优秀传统中医气功将会得到更好地传承与发展，以造福人类健康。

目 录

第一节 概述

“导引”一词最早记载于《庄子·刻意》篇：“吹呴呼吸、吐故纳新、熊经鸟伸，为寿而已矣；此导引之士、养形之人、彭祖寿考者之所好也。”李颐注曰：“导气令和，引体令柔”。《素问·异法方宜论》指出：“中央者，其地平以湿，天地所以生万物也众。其民食杂而不劳，故其病多痿厥寒热，其治宜导引按跷。故导引按跷者，亦从中央出也。”导气，为以意导气，系导引的关键操作。气在意念的主导下沿循一定的途径，朝明确的目标方向运行，有升有降，有入有出，使之调和畅达。引体，即气引形体，形随气动，形体依循气行适度伸缩，使之柔和。气在导引功法操作中是关键，故晋代道士许逊《净明宗教录》中称之为“气功”，曰：“学道之士，初广布阴骘，先行气功，持内丹长生久视之法，气成之后，方修大药。”“导引”一词，强调的是功法操作主要环节“导气”与“引体”，属专业术语；“气功”则明确的是导引功法操作的关键之“气”，是当时对导引功法的俗称。（图1-1）

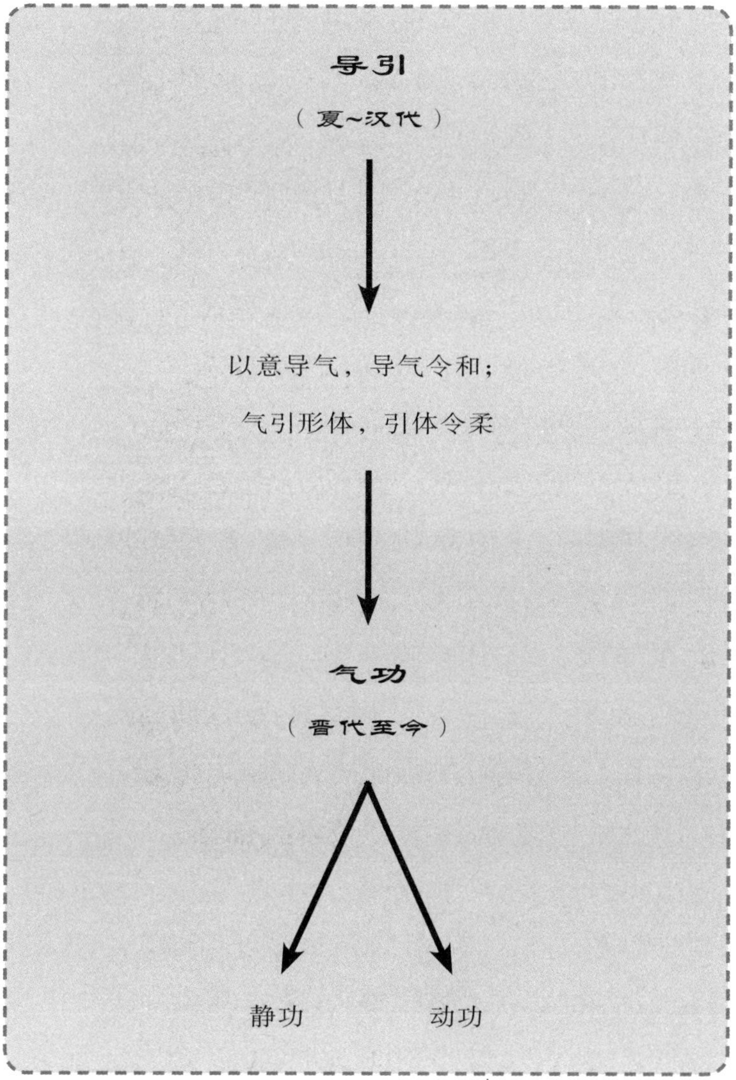

图1-1　“导引”与“气功”沿革示意图

气功的操作皆围绕"气"，不论静功和动功，皆以意导气而令气和，气引形体而令体柔。气功动功，是意念主导、形体支持的主动呼吸以炼内气，肢体的动作为呼吸提供适宜的姿势，并依循呼吸的需要而调整力度，既可提高炼气效果，又能强筋壮骨，增强脏腑功能，有内外兼修的健身作用，适宜于多数人群。动功以"气"为关键，倘若偏重动作忽视"气"，极易练成体操、拳术或舞蹈等形式。如何秉承气功精髓，做到以意导气、气引形体、形随气动，科学规范的方法至关重要。

国家级非物质文化遗产华佗五禽戏功法属气功动功，强调动作缓慢均匀，用息相呼吸，以逆腹式呼吸为基础练丹田呼吸，行周天功运气，按照这一系统基本功法操作必然达到以意导气、气引形体，实为导引功法的复原。先师董文焕先生所著《亳州华佗五禽戏》，使流传在华佗故里口口授受、代代相传的华佗五禽戏54式形成图文，得以传世，2011年5月国务院批准列入第三批国家级非物质文化遗产名录。其中，54式套路第一式虎戏坐洞运爪功法分解（图1–2、图1–3），明确功法宜动作缓慢，用息相呼吸（呼吸缓慢深长），以逆腹式呼吸为基础练丹田呼吸，行周天功运气。这不仅仅是对该式的功法要求，而是阐明全套术式的系统基本功法，视为该功法恪守传承的经典。这一系统基本功法，除周天功之外，也是一般气功动功的基本功法。

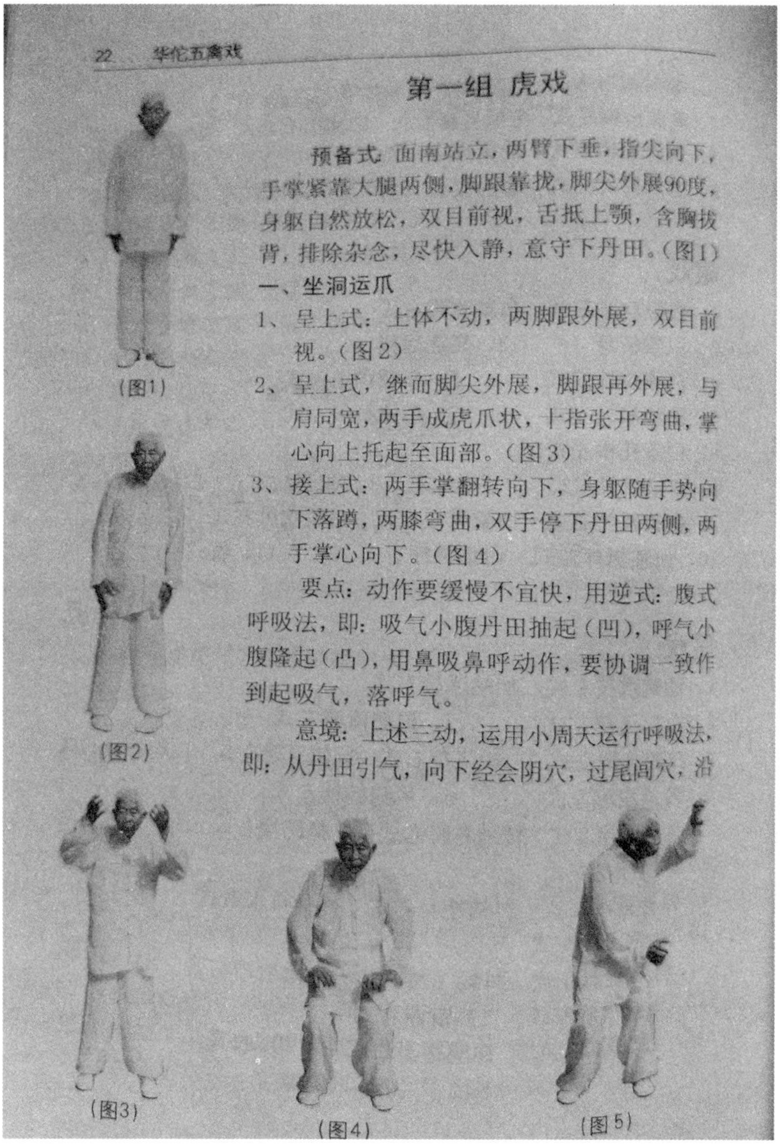
22　华佗五禽戏

第一组 虎戏

预备式：面南站立，两臂下垂，指尖向下，手掌紧靠大腿两侧，脚跟靠拢，脚尖外展90度，身躯自然放松，双目前视，舌抵上颚，含胸拔背，排除杂念，尽快入静，意守下丹田。(图1)

一、坐洞运爪

1、呈上式：上体不动，两脚跟外展，双目前视。(图2)

2、呈上式，继而脚尖外展，脚跟再外展，与肩同宽，两手成虎爪状，十指张开弯曲，掌心向上托起至面部。(图3)

3、接上式：两手掌翻转向下，身躯随手势向下落蹲，两膝弯曲，双手停下丹田两侧，两手掌心向下。(图4)

要点：动作要缓慢不宜快，用逆式：腹式呼吸法，即：吸气小腹丹田抽起（凹），呼气小腹隆起（凸），用鼻吸鼻呼动作，要协调一致作到起吸气，落呼气。

意境：上述三动，运用小周天运行呼吸法，即：从丹田引气，向下经会阴穴，过尾闾穴，沿

(图1)　(图2)　(图3)　(图4)　(图5)

图1-2　华佗五禽戏坐洞运爪式功法分解之一

华佗五禽戏.....23

脊骨（督脉）上行途径命门穴，大椎穴，到百会穴下经印堂穴，人中穴为吸气，小腹抽起从口下承浆穴，沿任脉中丹田（肚脐）至下丹田为呼气，即：小腹降起，要缓慢适中运行。

功能：由于呼吸缓慢深长，使横胲膜升降，对脏器官，起到按摩作用，可排除脏位淤血蠕动肠胃，以助消化。

4、接上式：下肢不动，两手掌，向左向上方翻起，掌心向东，两掌距离30厘米，左掌在上，右掌在下，左掌高于左肩，右掌停于左腹前。（图5）

要点：手起翻吸气。

意境：以意领气，从下丹田引气，上升脉络，经后督脉，任脉，到锁骨下，分走两侧，经云门穴，沿两臂内侧，到双手，意守劳宫穴。

5、接上动不停，两手掌继续向右翻转，掌心向西。（图6）

要点：式4和5两动作眼随手动。

意境：意守劳宫穴。

6、接上动不停，两手掌由西方，绕回南，停肩前。（图7）

要点：两掌由西方转向南方时，用暂短的吸气，和呼气。

意境 以意领气，从劳宫穴，按来路，返回下丹田同时深呼气。

二、黑虎出洞

承上式，双脚向前起跳尺余，两手掌，随跳动向前伸出双手掌，随时收回，本动原处。（图8）

（图6）　（图7）　（图8）

图1-3　华佗五禽戏坐洞运爪式功法分解之二

怎样熟悉把握这一系统基本功法？务必明确其原理和操作方法，执简驭繁，简化操作途径，从而增强练功效果，便于进入气功境界，赋予基本功法之可操作性，使功法抽象概念具体化，让初学者不仅知其然还知其所以然，对系统基本功法予以归纳整理，明白为何练和怎样练，以期对这一宝贵遗产的传承和习练有所裨益。

第二节 华佗五禽戏基本功法功理

一、动作调控

国家级非物质文化遗产华佗五禽戏，动作“象形取意，为我所用”，模仿五种动物的生活习性，起收开合有序，动作象形准确，方能达到疏通经络、调动内气运行的气功境界，这是功法的基础。正如古人所云“形不正则气不顺，气不顺则意不宁，意不宁则神散乱”。

（一）仿生动作各有侧重

“五禽”因各自模仿的动物动作不同而形成不同的功法特点，“五禽”仿生动作侧重各有不同，自我按摩内脏，疏通经脉，具有针对性的强健五脏的作用。如鹿戏动作模仿鹿之伸展肢体，多以旋扭之力劲拔经筋，多侧身运动两胁，按摩肝胆，疏通肝、胆经脉，疏肝强筋。猿戏模仿猿之机灵敏捷，上肢动作迅捷多变，双手攀援抓挠，运动心胸，按摩心脏，疏通心、小肠经脉，目视灵活，养心健脑。熊戏模仿熊之沉稳晃运躯体，可运动脘腹，按摩胃肠，疏通脾、胃经脉，健脾和胃。鸟戏动作模仿鸟之飞翔，动作轻捷，伸展抬举双臂运动胸肺，按摩肺脏，疏通肺、大肠经脉，补肺固表。虎戏则模仿虎之勇猛扑按，动作翻转可运动腰肾，按摩肾脏，疏通肾、膀胱经脉，固肾壮骨。五脏功能各异，相辅相成，而练五戏能强五脏，五脏相生则生生不息。

（二）动作缓慢均匀

华佗五禽戏作为气功动功，多数动作除把握各禽不同的侧重运动部位以强健五脏、疏通经脉之外，还受呼吸的控制，依循呼吸的需要而调整动作力度支持呼吸，为以逆腹式呼吸为基础的丹田呼吸行周天功运气提供动作支撑，以调气活血。除部分跳跃、猛击、抓挠、摇动等术式之外，一般要求动作速度缓慢，用力均匀，以适应丹田呼吸的需要。快或忽快忽慢的动作，只是被动呼吸的练筋骨，而不是主动呼吸的炼内气。动作虽是外观形式，但观其动作，便可知所练功法的实质。

（三）动作不抢不滞

准确的动作有利于内气运行、意念稳定、精神内守，否则将影响练功效果。动作间的衔接，包括一个术式动作的开与合或两个术式的接续，要求是上一个动作完整的结束，自然接续下一个动作。如果上一动作未完就做下一动作为“抢”；上一动作已做完，下一动作延迟不做则为“滞”，均说明动作未完整到位，不相连续，二者均影响呼吸，有碍气行。动作开与合和吸与呼，要做到自然协调，不抢不滞，开吸合呼，自然有序，有条不紊，方能使气调和畅达。

（四）动作刚柔相济

华佗五禽戏套路功法要求有刚有柔，刚柔相济。总体来说，开势功法多刚，合势功法多柔。开势，收腹扩胸吸气，周身内外肌肉组织自下向上发力，多刚；合势因松腹缩胸呼气，周身内外肌肉组织自上而下放松，故多柔。就五戏而言，虎戏和熊戏动作多刚，鹿戏、猿戏和鸟戏多柔；虎戏和熊戏动作威猛而外刚，但借势呼吸炼内气而刚中有柔；鹿、猿、鸟戏动作外柔，但其开势周身肌肉组织自下而上发力而柔中有刚。习练动作应做到刚与柔协调配合，使刚中寓柔，柔中含刚，刚柔相济。如果动作过于刚，则出现僵滞、硬拙，影响气机升降出入；过于柔，则出现松懈、疲软，气行乏力，达不到疏通经络、调和气血的健身效果。

《素问·上古天真论》所云“肌肉若一”就是指体肢动作缓慢均匀，不抢不滞；刚柔相济，上下统一；内外协调，起落、开合一致，使周身肌肉宛如一块。华佗五禽戏的动作基本要求缓慢均匀，不抢不滞，刚柔相济，坚持习练，就能够达到“肌肉若一”。

二、呼吸调控

（一）气息调控

就气息出入鼻孔的调控而言，有气相、风相、喘相和息相，即四相。气相，指气息出入无声，但吸与呼之间的转折分明，且有少许停顿；风相，气息的出或入均带出如风吹过隙之声；喘相，指有意操作的呼吸粗犷或发出嗡声；息相，是指气息细、匀、深、长，虽然动作有起有落，但吸与呼之间的转折没有痕迹，微煦而绵绵不绝。四相的使用，视术式动作及练功所达到的境界而定。国家级非物质文化遗产华佗五禽戏套路54式一般使用息相，跳跃术式使用风相，猛力术式使用喘相，部分术式使用气相。功法习练的熟练度与练功所达境界不同，对气息的使用也有区别。同一术式，初学者可能使用气相或风相，而功法娴熟者可能使用息相。由国家级非物质文化遗产华佗五禽戏套路54式精炼并结合中医临床施功实际编创而成的中医气功五禽戏为原地操作，动静结合，主要使用息相呼吸。

息相呼吸既是习练气功进入气功境界的一种方法，也是使气功调息达到高境界的一种特征。怎样做到气息细、匀、深，长需要有一定的条件支撑。

1. 身心内外放松，排除杂念，精神内守，意念入静，以支配动作和呼吸。只有身心放松入静，才能感知内气，方可支配动作和呼吸内外协调统一。

2. 动作缓慢均匀，不抢不滞，勿快或忽快忽慢，这是气功动功炼气最基本的动作条件。只有动作的缓慢均匀，才能做到气息细匀。

3. 运用收腹吸气、松腹呼气的逆腹式呼吸。因吸气时腹肌收缩，推动腹腔内脏上移，膈肌上抬，肋间外肌收缩而肋间内肌舒张，扩胸张肺，吸深呼也深，也是炼气最有利的呼吸形式。

使用息相呼吸的气息调控，必须身心放松入静，动作缓慢均匀，运用逆腹式呼吸，这是华佗五禽戏也是一般气功动功炼内气的基本条件，是意念主导、动作支持的主动呼吸，动作与呼吸相向而行，而非被动呼吸，也是区别气功动功与体操、舞蹈的标准。

《素问·上古天真论》所云“呼吸精气”，指吸入之气精细贯通周身，乃气息细、匀、深、长，而非粗、急、浅、短。气功炼内气，主要通过呼吸的细、匀、深、长，加大吸清呼浊力度，以达到人体精充、气足、神旺。

（二）逆腹式呼吸

1. 呼吸特点

正常人的呼吸形式是混合式呼吸，亦称自然呼吸，即胸式呼吸和顺腹式呼吸。胸式呼吸的特征是呼吸时胸部起伏，吸气时胸部隆起，呼气时胸部复原。顺腹式呼吸的特征是吸气时松腹，呼气时收腹。

逆腹式呼吸的特征是吸气时收腹，呼气时松腹。这一呼吸形式之所以对推动内气更为有利，是在吸气时腹肌收缩，推动腹腔内脏上移，膈肌上抬，肋间外肌收缩而肋间内肌舒张，以扩胸张肺吸气；呼气时腹肌舒张，膈肌下移，肋间外肌舒张而肋间内肌收缩，以缩胸收肺呼气，气息深而长。

运动生物力学认为，人体任何运动都是靠肌肉收缩发力，四肢的发力需要躯干内力发力，而躯干的发力则首先是腹肌收缩发力。华佗五禽戏以逆腹式呼吸为基础练丹田呼吸，而逆腹式呼吸同样需要肌肉收缩发力，包括腹肌、腹腔器官组织的肌肉及韧带的收缩，只是轻微收缩而已。

华佗五禽戏功法运用逆腹式呼吸有两个决定因素，一是息相呼吸细、匀、深、长，如前述；二是根据功法的自身特点，在仿生动作中多有举臂、提腿术式，如梅鹿伸腰、白猿攀枝、白鹤飞翔式等，这些术式开势自下肢、腹、胸部向上肌肉收缩，腹腔内脏上移，推动膈肌上抬，胸外肌收缩，扩胸张肺，必然收腹吸气；合势则肢体肌肉舒张放松，缩胸松腹呼气，自然形成逆腹式呼吸。

2. 逆腹式呼吸的练习

气功动功练呼吸的原则是借势呼吸，顺其自然，循序渐进。华佗五禽戏功法采用逆腹式呼吸，看似容易，但习练者若不得法，急于求成，违背练习原则，不顾动作姿势而一意吸与呼，未能借势呼吸以达顺其自然，或未在扩胸时吸气与缩胸时呼气，吸与呼皆难达到深、长，或出现胸闷、头晕等不适。正确的方法是：凡肢体向外的动作，自然收腹扩胸吸气；向内的动作，自然松腹缩胸呼气。习练时，先从意识上感受收腹扩胸吸气与松腹缩胸呼气，用意不用力，再顺其自然，循序渐进，根据体内的呼吸欲求微微增加力度。比如，吸气时胸腹以至周身感觉舒适，就借势微微用力收腹扩胸，加深吸气量；呼气时胸腹以至周身感觉舒适，就借势微微放缓松腹缩胸，以加大呼气量。加大呼吸力度，要循序渐进，顺其自然，因人而宜，勿一蹴而就。

气功动功的功法分开势与合势，练呼吸的原则借势呼吸、顺其自然主要体现在开势吸气和合势呼气。开吸合呼，是逆腹式呼吸的具体表现形式。

明确开势与合势，对练逆腹式呼吸的操作很有必要，不同功法、不同派别的习练者对气功动功的开势与合势的理解不尽相同。华佗五禽戏功法的开势与合势以胸廓的扩张与收缩为准，凡动作能够扩胸吸气的皆为开势，缩胸呼气的皆为合势，基本操作方法如图2-1。

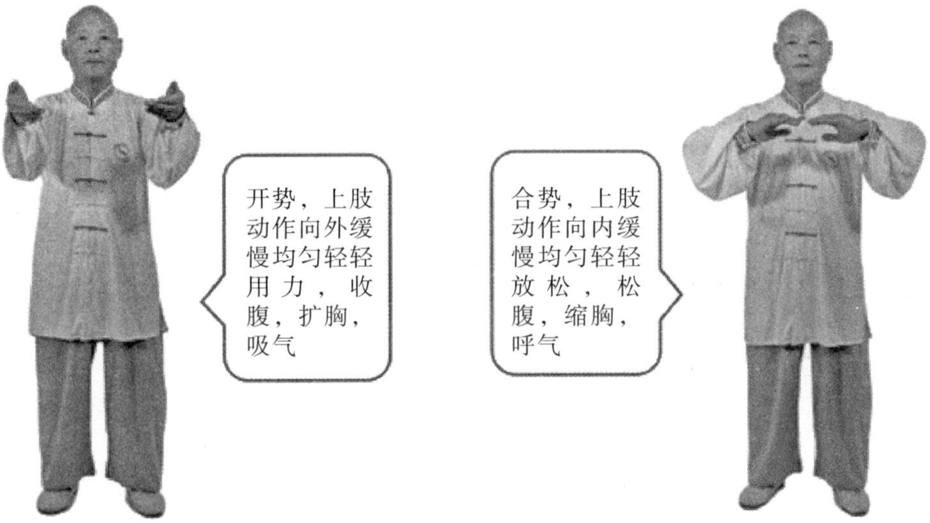

图2-1　逆腹式呼吸示意图

开势：上肢动作向外缓慢均匀轻轻用力，收腹，扩胸，吸气。

合势：上肢动作向内缓慢均匀轻轻放松，松腹，缩胸，呼气。

另外，起势不等于开势，有些术式起势时动作即开始操作，如笨熊晃体左式，起势左肩下垂，但不可视为开势，必待左肩上抬扩胸时方为开势。而收势也不等于合势，如笨熊晃体左式，合势是左肩下垂缩胸，收势是左肩下垂之后的左足收回。换言之，起势与收势是指术式的开始与结束，开势与合势是指动作的扩胸（吸气）与缩胸（呼气）。也就是说，术式的开始（起势）不一定为吸气，或许是自然呼吸；术式的结束（收势）可能呼气在进行中，但不是呼气的开始。对初学者来说，一定先明确开势与合势的实际含义后方可开始练逆腹式呼吸，这就是呼吸原则中借势呼吸、顺其自然的实际依据。

（三）丹田呼吸

丹田呼吸是练逆腹式呼吸达到的一种调息境界，是气功的关键操作环节。练气功必须对丹田有客观而正确的了解，否则将影响对气功的认知与操作。

1. 关于丹田的部位

丹田有上、中、下之分，一般认为上丹田位于前额玄关穴（印堂上三寸），中丹田位于胸部膻中穴，下丹田位于脐下3寸关元穴（或脐下2寸石门穴或脐下1.5寸气海穴或脐中神阙穴）。一般所言丹田指下丹田，了解丹田须从以下几个方面说起：

（1）丹田是炼内气时实际感知的气感部位，而不是人体体表固定的穴位。

（2）丹田呼吸以逆腹式呼吸为基础，认识丹田必须结合逆腹式呼吸的实际。

（3）丹田是炼内气的机枢部位，犹如机动车的发动机。炼内气时，收腹吸气导气自丹田沿督脉上行，松腹呼气导气沿任脉下返丹田，说明丹田的部位与督、任二脉的源头相关。胞中，为督、任、冲三脉之起源，也是元精元气之所在，而丹田部位与其密切相关，如将小腹比作一个球，丹田就位居中心。

（4）了解、感知练功时的丹田，还要掌握运动状态下的人体重心。重心是重力的作用点，站立时重心一般在身体正中线上第三骶椎上缘前方7cm处。在运动中，由于姿势的改变，重心位置也随之改变。若提踵、两臂上举重心升高，下蹲则重心下降。身体向左或右侧屈则向左或右移。重心改变，重力的作用点也改变。丹田是炼内气时下腹部所感知的气感部位，其位置随身体姿势的改变而改变。练站桩、坐桩等静功时，丹田所在部位与胞中相似，与重心位置相近。练动功，若是直立蹲站，四肢上下起落，丹田的部位上下有所移动。若练复杂动作，丹田部位要根据实际情况，随机而论。

丹田的气感部位还与意念、动作和呼吸的调控程度有一定关系。真正做到意念完全入静，形体内外放松，动作缓慢均匀，气息细、匀、深、长，才能切实感知丹田之确切部位。

2. 丹田呼吸及体呼吸的练习

丹田呼吸是气功修炼的关键操作环节，收腹吸气时，气从周身向丹田聚集，松腹呼气则从丹田向周身散发。丹田的一聚一散，与鼻孔的一吸一呼自然配合，有节奏并具舒适感，就像丹田控制鼻孔呼吸似的，故又称脐呼吸。

华佗五禽戏的丹田呼吸，是在借势呼吸与顺其自然地习练中形成的，比如做提腿、伸臂、扩胸动作时必然腹肌与肋间外肌收缩、上抬膈肌扩胸吸气，动作还原即松腹缩胸呼气，自然形成逆腹式呼吸，而无需刻意操作。习练者尤其是初学者只要借势呼吸与顺其自然地操作，去感知它便可，丹田呼吸也就自然而然地形成了。提腿、伸臂、扩胸是华佗五禽戏较多的动作，有利于练逆腹式呼吸，收腹吸气而气聚丹田，松腹呼气而气从丹田散发（图2-2），为练丹田呼吸提供了最佳动作姿势，容易达到丹田呼吸境界，因此成为其他术式无可比拟的功法优势。

图2-2　丹田呼吸示意图

在坚持习练丹田呼吸的基础上，一旦感到收腹吸气时气从周身毛孔向丹田聚集，松腹呼气时气从丹田向周身毛孔散发，口鼻呼吸减弱，丹田与毛孔如同建立了一个通道，说明气功高境界体呼吸已经形成。日常人们通过鼻孔吸入氧气呼出二氧化碳，于肺内完成气体交换，肺内的氧气经肺静脉输入心房，经心室泵出，进入动脉，供给全身肌肉组织用氧。体呼吸是毛孔与丹田直接相通，通过毛孔一开一合吸入氧气排出二氧化碳，因此称毫毛呼吸，又因其呼吸形式类似胎儿，故又称胎息。体呼吸减轻肺呼吸负荷，鼻孔的呼吸因此变微，减轻心脏体循环供氧负担，心率变慢，心脏负荷变小，故可延年益寿。

怎样练体呼吸？体呼吸一直为历代气功养生家所追求，往往被认为玄妙神秘而高不可攀，练气功欲达到体呼吸境界，方法很重要。

（1）选择适合自己炼气的一种或两种相近的功法坚持习练，时间在1小时左右，每天两次，每次重复多遍。如果每天选择多种功法，动作不同，熟练度不同，意念松静度也有区别，直接影响丹田呼吸，练练停停、断断续续，不可能达到体呼吸境界。体呼吸是皮毛与丹田开通气体交换的通道，这一通道的开通以丹田呼吸为基础，选择功法要看是否得势练丹田呼吸。即便得势的功法，一套只练一遍的效果也是有限的，须重复多遍习练，呼吸深度一遍胜过一遍。每天两次，肢体连续记忆，感觉更好，循序渐进，坚持习练，终将达到体呼吸境界。千万不可三天打鱼两天晒网，如此，再得势的功法也不会达到体呼吸境界的。

（2）动作一定缓慢均匀，不抢不滞，这是气功的基本要求，如果一种功法动作快或忽快忽慢，练不成丹田呼吸，也就不可能练体呼吸了。

（3）意念要松静自然、心无杂念、悠然自得、无忧无虑，轻松准确把握动作和呼吸，持之以恒，在不知不觉中体呼吸也就形成了。倘若头脑思绪烦乱、忧虑重重，或急于求成、见异思迁，都无法达到体呼吸的境界。

（4）练体呼吸要求环境清静、空气清新，无噪音、无污染、无干扰。若天气晴朗，温湿度适宜，凉爽舒适，则更为适宜。

体呼吸，是用息相呼吸，以逆腹式呼吸为基础练丹田呼吸达到的最高境界。习练者要有“只顾攀登，莫问山高”的耐心，切勿三天打鱼两天晒网，勿急于求成，勿异想天开。通过持之以恒地习练，方能达到体呼吸境界。

（四）周天功运气

1. 何谓周天功

周天功是道家气功的代表功法，源自其内丹术，重视内炼精气神，强调意念的主导地位。（周天功运行内气在体内按经脉路线循环流转，沿督任二脉流转者为小周天功；在小周天功的基础上延长至其他经脉流转者为大周天功。）

就一般习练者所感知的华佗五禽戏运气的实际气感而言，开势收腹吸气气感偏于躯干背侧，合势松腹呼气气感偏于躯干腹侧，这与周天功收腹吸气导气自丹田沿督脉上行与松腹呼气导气沿任脉下返丹田运气流转相一致。可见周天功运气沿督、任二脉路线流转，是古人对练功实际气感的总结提升而成的认知。

运动生物力学认为，上肢的用力动作往往由下肢和躯干发力，需要下肢的支撑和固定，发力顺序自下向上依次是下肢、躯干的发力，肩关节的用力，肘关节的用力和腕关节的用力，下肢的用力动作往往也是由躯干发力。拳术讲究力由脊发，胯部的劲力，通过腰背传递到肩再向两臂传输。如古拳谱所云“龙虎二劲”，脊柱如大龙，腰胯似猛虎。这正是运动生物力学发力原理的体现。华佗五禽戏以逆腹式呼吸为基础，练丹田呼吸，行周天功运气，发力原理也不例外。如鹿戏梅鹿伸腰式，蹬足举臂时，收腹吸气导气自丹田沿督脉上行达劳宫穴，与运动生物力学自下向上内力发力以至上肢用力的原理相一致。

人体任何主动动作都需要内力，周天功运气在督、任二脉及周身流转同样需要内力作为主动力。其开势收腹吸气导气自丹田沿督脉上行，就是意念主导下的腹、胸部自下向上的躯体肌肉收缩发力；合势松腹呼气导气沿任脉下返丹田，乃意念主导下的胸、腹部自上向下的躯体肌肉放松使然。（图2-3）

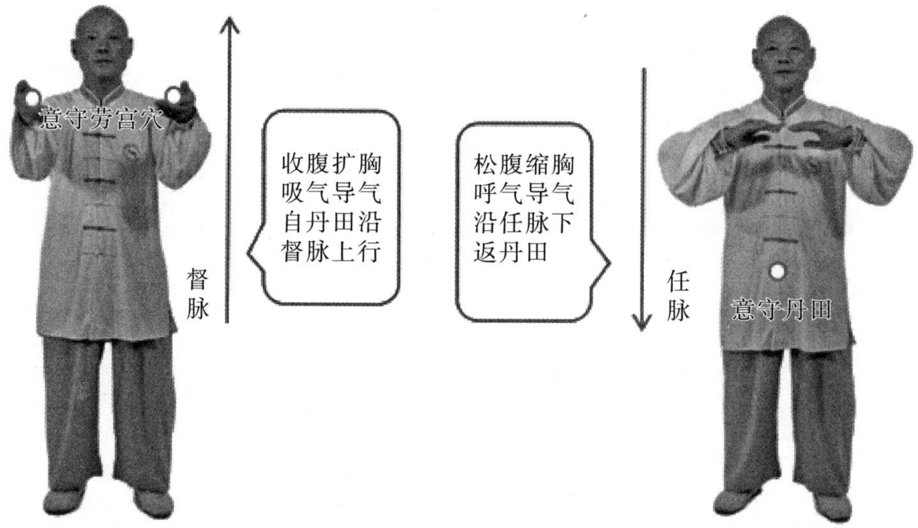

图2-3　周天功运气示意图

2. 周天功的练习

华佗五禽戏的动作仿生，每戏每式均有一定要求，重心的把握、动作与呼吸的配合均有一定难度。偏重动作，或只讲动作，极易改变功法本貌，演变为拳术、体操和舞蹈。如何将动作、呼吸和意念协调合一，以炼气为关键操作，周天功不可或缺。不难设想，倘若华佗五禽戏未运用周天功运气，可能早变成了拳术、体操与舞蹈了，难怪有五禽操、五禽拳、五禽舞等流传。所以周天功的运用完全出于自身发展完善的实际需要，在规范运气途径的同时使意、气、形合一，由难化易，并作为意、气、形合一的一种方法模式有机地融入到套路功法之中，密不可分。

凡术式动作开势伸臂者运用大周天功，开势屈臂或臂被动者用小周天功。如梅鹿伸腰式，其动作开势蹬足举臂，运用大周天功；笨熊游走式，其动作开势屈臂，则运用小周天功。其功理依据是：开势伸臂是在疏通督任二脉的基础上疏通上肢经脉，运用大周天功；开势屈臂或臂被动者主要疏通督任二脉，故运用小周天功。

练周天功有两个要素

（1）沿循一定途径行气。术式动作开势，收腹吸气导气沿督脉上行；合势，松腹呼气导气沿任脉下行。如梅鹿伸腰式，收腹吸气导气自丹田沿督脉上达劳宫穴，松腹呼气导气自劳宫穴下沿任脉返丹田。

（2）意守。意在排除杂念，稳定重心，明确运气目标，使意朝一处想、气朝一处行、力朝一处使，达到意、气、形合一。小周天功吸、呼均意守同一部位，所意守的部位大多属于机枢部位，如笨熊游走式，吸、呼均意守中脘穴等。大周天功吸、呼各意守其运气途径的终点，所意守部位大多属于导气运行趋向的目标，如梅鹿伸腰式，吸气意守劳宫穴、呼气意守丹田等。

周天功并非秘诀，其为气功动功华佗五禽戏所用，使动作、呼吸、意念三调合一规范有序，以意导气、气引形体、形随气动，复原导引功法，寓静于动，而成为该功法成熟完善的标志。行周天功运气，是华佗五禽戏功法的主要特点，也是其功法价值可贵之所在。

三、意念调控

（一）松静自然

意念支配动作与呼吸，意念的放松和入静对气功动功起决定作用，松静自然是本功法始终要遵守的基本要领。放松锻炼要从外到内，由粗到细，从躯干四肢肌肉的放松到脏腑及呼吸、意念的放松。躯干四肢肌肉的放松容易，脏腑的放松较难，精神意念的放松则更难掌握，而身心内外彻底的放松才是真正的放松。练功的静，主要以思想安宁和意念集中等心境为主，其次是场地环境清静，无噪音干扰。外静不如身静，身静不如心静，及时排除主观心境的杂念干扰，才能进入气功入静境界。练功时形体、呼吸和心境的放松必须符合生理心理状态，自然达成。如逆腹式呼吸初始不能过度用力一意将呼吸拉长，而应通过坚持锻炼逐步深入，意守时精神应集中，但又不可过分用意。过分用意，往往造成意念空白，肢体僵滞，影响内气运行。一旦出现过分用意，瞬间眨眼，稍加放松即可改变。因此，要求意念调控要松静自然、内外放松。

关于起式与收式的调息，是与松、静密切相关的操作，是华佗五禽戏功法必须重视的问题。起式调息，是排除日常杂念的思绪纷扰，从日常生活状态进入气功状态，将日常混合呼吸形式调整为逆腹式呼吸形式。收式调息，是将功法的存想意境忘却，意守一定部位引导内气，仍以逆腹式呼吸形式调息，助精气复原，从而结束练功。五禽戏的功法自始至终存想禽的生活意境，五戏相续，从此禽到彼禽，从此境至彼境，境境相连，物化入静，一旦调息即忘却存想意境，从而中断物化。所以习练五禽戏五戏相连，当中不宜调息，直至练功最后结束做一次收式调息以引气归元，结束练功。

（二）如何意守

意守，即“精神内守”，是本功法入静的基本方法，身心安静时在主观感觉上将意念移置于身体的某一部位，目的是排除杂念、引导内气、稳定重心。意守部位因功法所练脏腑经络不同而异，小周天功，吸气与呼气均意守同一部位，如命门穴、中脘穴、丹田等；大周天功，吸气与呼气各意守一个部位，如吸气意守劳宫穴，呼气则意守丹田或涌泉穴等。本功法有较多的独立步，重心上下移动，站立吸气时意守劳宫穴，还原呼气时意守丹田或涌泉穴，能够排除杂念、引导内气、稳定重心，使独立步稳固而不摇晃，形正而气顺。

（三）如何存想

本功法入静从“存想”五禽之象开始，演练每戏每式首先存想“禽”的生活意境，将自身置于其境，练到相当程度，便忘却自我，心中呈现“禽”的意境，即所谓天人合一，真正进入入静境界。如演练鸟戏，将自己想象成仙鹤如同做了一个好梦而不愿让梦境消失一样，此时意识与其存想的对象浑然一体，物亦我，我亦物，即达到物我合一的物化，这便是混沌，即是虚无。虚无并不是没有生机，虚无的境界孕育和净化着无限的、可以创造一切的活力，是一个生生不息的境界。一旦达到心境虚无境界，机体自主调节功能发挥到极致，以开发自身潜能，改善脏腑尤其心脑功能，增进身心健康，不仅可以排忧静心防治心身疾病，还可助精气恢复充实，增强扶正祛邪的能力。正如《素问·上古天真论》所说：“恬淡虚无，真气从之，精神内守，病安从来。”

松静自然状态下的存想与意守，是华佗五禽戏对意念的基本要求，即《素问·上古天真论》所阐述的“独立守神”。

四、功法运用方法示例

按照华佗五禽戏基本功法的操作要求，动作缓慢均匀，用息相呼吸，以逆腹式呼吸为基础练丹田呼吸，行周天功运气，在松静自然状态下存想与意守调控意念，做到以意导气，气引形体，形随气动，意、气、形合一。

习练时，首先放松入静，进行肢体内部感觉及各部平衡关系的调整，从日常生活状态调整到气功状态，进入短暂静态，即头正颈松，收视返听，意守丹田，排除杂念，目视前方，舌抵上腭，面带微笑，两臂下垂，松肩坠肘，含胸拔背，伸腰沉胯，收腹敛臀，下肢安稳，两脚平行自然站立。

若行小周天功运气，开势要上肢动作缓慢均匀向外轻轻用力，收腹、扩胸、吸气，同时导气自丹田沿督脉上达人中穴；合势则上肢动作缓慢均匀向内放松，松腹、缩胸、呼气，同时导气自承浆穴沿任脉下返丹田，开势与合势均意守同一部位，如命门穴、中脘穴、丹田等。

行大周天功运气时，开势要上肢动作缓慢均匀向外轻轻用力，收腹、扩胸、吸气，同时导气自丹田（或涌泉穴上经丹田）沿督脉上达劳宫穴，意守劳宫穴；合势则上肢动作缓慢均匀向内放松，松腹、缩胸、呼气，同时导气自劳宫穴沿任脉下返丹田（或经丹田返涌泉穴），意守丹田（或涌泉穴）。

如华佗五禽戏白猿攀枝（左式）：

存想白猿敏捷灵巧，攀援树枝。

1. 左腿站立，左手上攀，目随左爪。右手呈猿钩上提至胸，右腿屈膝上提，脚尖向下；同时，收腹吸气，导气自丹田沿督脉上达劳宫穴，意守劳宫穴。

2. 动作及手型还原，同时松腹呼气，导气自劳宫穴下沿任脉返丹田，意守丹田。（图2–4）

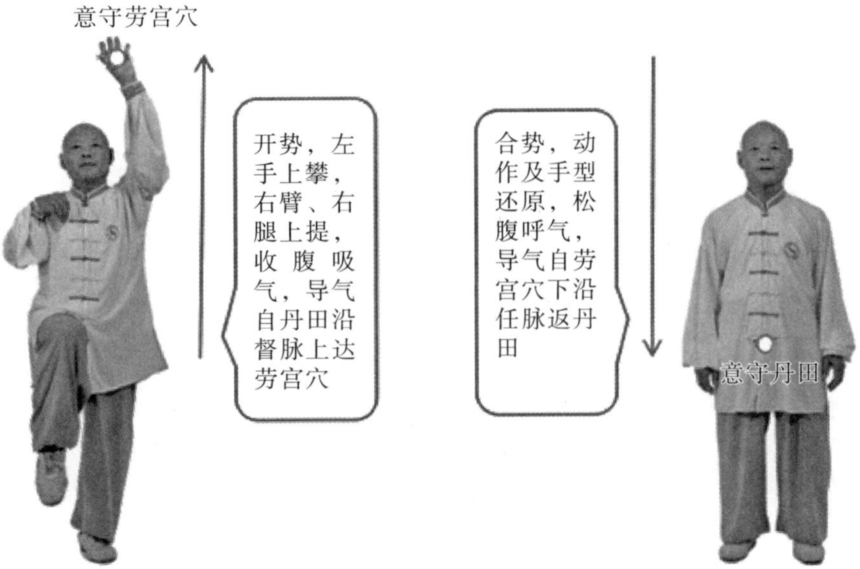

图2–4　华佗五禽戏白猿攀枝式运气示意图

第三节 中医气功 五禽戏功法详解

中医气功五禽戏，是由国家级非物质文化遗产华佗五禽戏套路54式精炼并结合中医临床辨证施功实际编创而成，系中国医学气功学会推荐功法，中华中医药学会适宜技术国际推广合作共同体培育项目。

功法以五行木、火、土、金、水相生为序，并与五季春、夏、长夏、秋、冬和五化生、长、化、收、藏相关联，将五戏鹿、猿、熊、鸟、虎对应人体五脏肝、心、脾、肺、肾，以针对性的仿生动作按摩脏腑，疏通经脉。开吸合呼，气息细、匀、深、长，以意导气、气引形体、形随气动。意念存想五禽生活意境，意守入静。强健五脏、调气活血、静心怡神。功法动静结合、内外兼修，既健身无病先防，又祛病既病防变，适宜各类人群。

一、功法示范

准备与热身

习练前，停止剧烈运动，饮适量白开水，排空二便，身着宽松合体练功服，勿系腰带，勿戴配饰，勿过饥过饱。适量做颈、肩、腰、膝关节的热身动作。

预备式　站桩

两足平行，下肢安稳站立。含胸拔背，伸腰沉胯，收腹敛臀，松肩坠肘，两臂自然下垂。头正颈松，目视前方，舌抵上腭，面带微笑，收视返听，排除杂念，意守丹田。（图3-1）

图3-1

起式　调息

1. 两足平行开立。两肘微屈，两掌上托平肩；同时收腹吸气，导气自丹田沿督脉上达劳宫穴，意守劳宫穴。（图3–2~图3–4）

图3－2

图3－3

图3－4

2. 两掌内合下按，同时松腹呼气，导气自劳宫穴下沿任脉返丹田，意守丹田。（图3–5）

目随爪动。

以上动作重复一遍。

图3－5

（一）鹿戏——鹿运两胁疏肝木

鹿戏手型呈鹿角状，中指、无名指屈曲内扣，指尖抵大鱼际；拇指、食指、小指伸直。鹿戏模仿梅鹿生活习性动作，侧重运动两胁，按摩肝胆，疏通肝、胆经脉，疏肝强筋，防治肝气不舒、筋脉失养病证。

第1式　梅鹿伸腰

存想梅鹿沐浴朝阳、伸展肢体。

左式

1. 右腿站立，左腿屈膝上提，脚尖向下，两手上提至腰间，掌心向上。左足前蹬，两掌呈鹿角内旋上举过头，同时收腹吸气，导气自丹田沿督脉上达劳宫穴，意守劳宫穴。（图3-6）

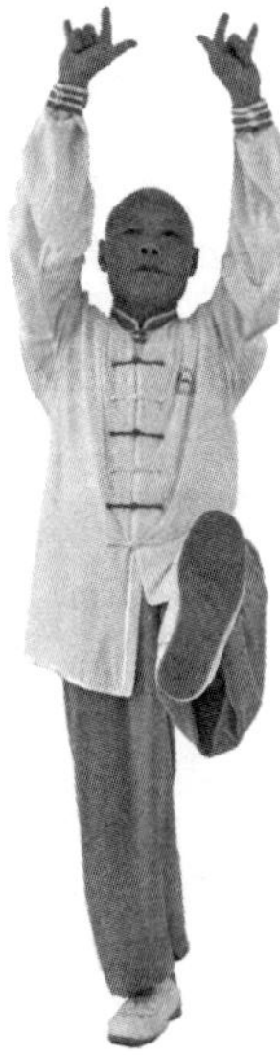

图3-6

2. 两臂与左腿外展下落，手型还原，同时松腹呼气，导气自劳宫穴下沿任脉返丹田，意守丹田。（图3-7）

目随爪动。

右式动作相同，方向相反。以上动作重复一遍。

图3-7

第2式　成鹿亮角

存想梅鹿体态安详、伸颈亮角。

左式

1. 左足向左迈大步成侧弓步，左臂坐腕向左平伸，右臂举向头上方，掌心向外，同时收腹吸气，导气自丹田沿督脉上达劳宫穴，意守劳宫穴。（图3-8）

图3-8

2. 动作及手型还原，同时松腹呼气，导气自劳宫穴下沿任脉返丹田，意守丹田。（图3-9）

目随爪动。

右式动作相同，方向相反。以上动作重复一遍。

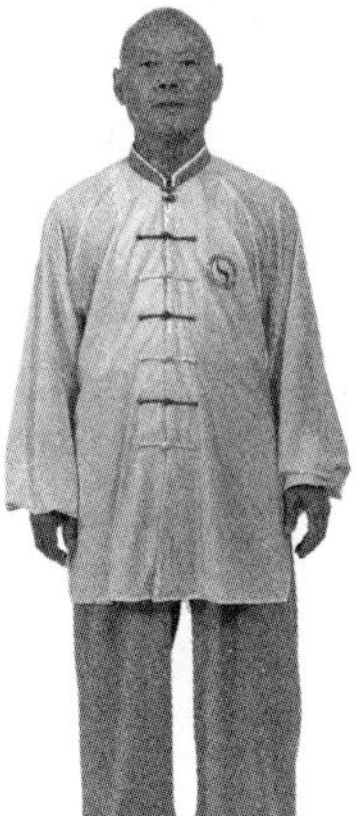

图3-9

（二）猿戏——猿运心胸益心火

猿戏手型呈猿钩，五指捏拢，指端微屈，腕关节微屈，呈勾手状。猿戏模仿猿猴生活习性动作，侧重运动心胸，按摩心脏、刺激心神，疏通心、小肠经脉，益心健脑，防治心血不畅、心神失养病证。

第1式 白猿攀枝

存想白猿敏捷灵巧、攀援树枝。

左式

1. 左腿站立，左手上攀，右手呈猿钩上提至胸前，右腿屈膝上提，脚尖向下；同时收腹吸气，导气自丹田沿督脉上达劳宫穴，意守劳宫穴。（图3-10）

图3-10

2. 动作及手型还原，同时松腹呼气，导气自劳宫穴下沿任脉返丹田，意守丹田。（图3-11）

目随左爪。

右式动作相同，方向相反。以上动作重复一遍。

图3-11

第2式　白猿抓痒

存想白猿抓痒、逍遥自在。

左式

1. 两足平行站立。两臂平举，同时收腹吸气，导气自丹田沿督脉上达劳宫穴，意守劳宫穴。（图3–12）

图3–12

2. 右腿后插成歇步，左手自上向下划至胸，右手自下向上划至右额角。同时松腹呼气，导气自劳宫穴下沿任脉返丹田，意守丹田。（图3-13、图3-14）

图3-13

图3-14

两臂屈指、屈腕、掣肘仿抓痒动作三次，再上下交换，然后至胸前各仿抓痒动作三次。（图3–15~图3–17）

目随爪动。

右式动作相同，方向相反。以上动作重复一遍。

图3–15

图3–16

图3–17

（三）熊戏——熊运脘腹健脾土

熊戏手型呈熊掌，五指并拢，第一、二指关节微屈。熊戏模仿笨熊生活习性动作，侧重运动脘腹，按摩胃肠，疏通脾、胃经脉，健脾和胃，防治胃失和降、脾失健运病证。

第1式　笨熊游走

存想笨熊游走于林海、寻觅猎物。

左式

1. 右腿站立，左腿屈膝上提，脚尖向下，手呈熊掌，左手后搂，右手前抓；同时收腹吸气，导气自丹田沿督脉达人中穴。（图3–18）

图3–18

2. 动作及手型还原；同时松腹呼气，导气自承浆穴沿任脉返丹田。（图3-19）

均意守中脘穴。目随左爪。

右式动作相同，方向相反。以上动作重复一遍。

图3-19

第2式　笨熊晃体

存想笨熊晃动身躯、鼓荡周身。

左式

1. 左足向左前迈成鸡形步，手呈熊掌，左肩上抬，右肩下垂，以肩带臂，掌心相对；同时收腹吸气，导气自丹田沿督脉达人中穴。（图3-20）

图3-20

2. 左肩下垂，右肩上抬，手型还原；同时松腹呼气，导气自承浆穴沿任脉返丹田。（图3–21、图3–22）

均意守中脘穴，目视前方。

右式动作相同，方向相反。以上动作重复一遍。

图3–21

图3–22

（四）鸟戏——鸟运胸肺补肺金

鸟戏手型呈鸟翅，中指、无名指并拢向下，其他三指上翘。鸟戏模仿白鹤生活习性动作，侧重运动胸肺，按摩肺脏，疏通肺、大肠经脉，补肺固表，防治肺气不足、肺失宣降病证。

第1式　白鹤飞翔

存想仙鹤展翅翱翔、远征高飞。

左式

1．右腿站立，左腿屈膝上提，脚尖向下，两臂平举，手呈鸟翅，以肩带臂，以肘带腕；同时收腹吸气，导气自涌泉穴经丹田沿督脉上达劳宫穴，意守劳宫穴。（图3–23）

图3–23

2. 两臂和左腿下落，手型还原；同时松腹呼气，导气自劳宫穴下沿任脉经丹田返涌泉穴，意守涌泉穴。（图3–24）

目视前方。

右式动作相同，方向相反。以上动作重复一遍。

图3–24

第2式　飞鹤展翅式

存想仙鹤展翅凌云、翩翩飞翔。

左式

1. 左足向左前迈成鸡形步，两臂自前向外后展，手呈鸟翅，掌心相对；同时收腹吸气，导气自丹田沿督脉上达劳宫穴，意守劳宫穴。（图3-25）

图3-25

2. 两臂前收，手型还原，两掌相合；同时松腹呼气，导气自劳宫穴下沿任脉返丹田，意守丹田。（图3–26、图3–27）

目视前方。

右式动作相同，方向相反。以上动作重复一遍。

图3–26

图3–27

（五）虎戏——虎运肾腰固肾水

虎戏手型呈虎爪，五指撑开，虎口撑圆，第一、二节指关节微屈，呈钝钩，如虎爪抓物状。虎戏模仿猛虎生活习性动作，侧重运动腰肾，按摩肾脏，疏通肾、膀胱经脉，固肾壮骨，防治肾气不固、肾阳亏虚病证。

第1式　猛虎觅食

存想饿虎寻觅食物、虎视眈眈。

左式

1. 左足向前迈大步成前弓步，两手呈虎爪平举，左爪下按胯旁，右爪上推至额前，两肘相掣；同时收腹吸气，导气自丹田沿督脉达人中穴。（图3-28）

图3-28

2. 动作及手型还原；同时松腹呼气，导气自承浆穴沿任脉返丹田。（图3–29）

均意守命门穴。目随左爪。

右式动作相同，方向相反。以上动作重复一遍。

图3–29

第2式　翻身扑按

存想猛虎捕捉猎物、翻身扑按。

左式

1.（承上式）右虚步，右足内扣，两手呈虎爪上举，左转身180°；同时收腹吸气，导气自丹田沿督脉上达劳宫穴，意守劳宫穴。（图3–30）

图3–30

2. 左虚步，两爪向体侧垂直下扑；同时松腹呼气，导气自劳宫穴下沿任脉返丹田，意守丹田。（图3-31）

图3-31

图3-32

3. 右腿站立，左腿屈膝上提，两爪向前上举，屈肘；同时收腹吸气，导气自丹田沿督脉上达劳宫穴，意守劳宫穴。（图3-32）

4. 左足前踏成前弓步，两爪下按左膝两侧；同时松腹呼气，导气自劳宫穴下沿任脉返丹田，意守丹田。（图3-33、图3-34）

目随爪动。

右式动作相同，方向相反。以上动作重复一遍。

图3-33

图3-34

收式　引气归元

五戏结束，忘却五禽意境，回归虚静自然。

1. 两足平行站立。两臂侧举至头顶，掌心相对；同时收腹吸气，导气自涌泉穴经丹田沿督脉上达劳宫穴，意守劳宫穴。（图3–35、图3–36）

图3–35

图3–36

2. 两掌指尖相对，内合下按至身体两侧；同时松腹呼气，导气自劳宫穴下沿任脉经丹田返涌泉穴，意守涌泉穴。（图3-37、图3-38）

图3-37

图3-38

3. 两肘微屈，两掌侧前上托平肩；同时收腹吸气，导气自丹田沿督脉上达劳宫穴，意守劳宫穴。（图3-39）

图3-39

4. 两掌指尖相对，内合下按至身体两侧；同时松腹呼气，导气自劳宫穴下沿任脉返丹田，意守丹田。（图3-40、图3-41）

目随爪动。

以上动作重复一遍。

图3-40

图3-41

5. 闭目静养四息（图3-42）。

6. 搓手九遍（图3-43）。

图3-42

图3-43

7. 浴面五遍（图3-44）。

8. 头、颈、胸、腹按摩（图3-45、图3-46）。

图3-44

图3-45

图3-46

9. 左足收回，恢复预备式（图3-47、图3-48），练功结束。

图3-47

图3-48

练功后要认真做好收功，以引气归元。华佗五禽戏传人董文焕先师曾强调，做好最后的收功，犹如庄稼之收割，否则是种而不收。如果草草了事，不注重收功，则会影响精气复原。收功后静息片刻，再进行其他日常活动。需要注意的是，练功后不宜冷水洗浴，如有汗出，宜用干毛巾擦拭或洗热水澡。因为练功时大量血液流向肌肉、皮肤，受到冷刺激后，血管骤然收缩，回心血流量突然增加，易加重心脏负担。又因练功后，腠理开泄，遇冷容易受寒。练功后，也不宜立即饮冷水、冷饮或进冷食，以免引起胃肠血管的突然收缩，导致胃肠功能紊乱。

关于练功的时间选择，应顺应天地阴阳规律，以朝阳和夕阳时段为佳，不宜过早或过晚，勿在阳光暴烈、强光或黑暗及恶劣天气中练功。练功环境宜宽敞、清洁、安静，光线柔和，空气新鲜流通而无嘈杂声音干扰。应避免在风口练功，以免受寒。

二、五禽戏的习练排序

五禽戏的习练先后排序，与五行学说的支配有一定关系，取决于五行与五禽和五脏的对应配属，不可一概而论。关于五行与五禽和五脏的对应配属，见仁见智，认识不一。五行学说认为，人与天地万物运动变化可按照木、火、土、金、水五行的性质和特点归纳为五个系统，五个系统乃至每个系统中的事物和现象都存在一定的内在联系，从而形成五大运行系统。华佗运用五行木、火、土、金、水取象比类，把导引修炼所模仿的动物动作特征与人体五脏功能活动特点进行联系，取虎、鹿、猿、熊、鸟五禽，将导引模仿五禽动作套路名称融入五大运行系统中，从而编创这一成为导引套路先驱的五禽戏，体现了五行学说的哲学支配价值；后人则借助五行学说来阐释五禽戏各戏不同的功法与功理。

五行学说是编创五禽戏的指导思想，也是开启五禽戏功法与功理的“钥匙”。虽然“五戏”与五行、五脏的归类配属各家认识不一、阐释也不尽相同，但五行学说对于五禽戏的理解仍有重要的指导意义，没有五行学说就没有五禽戏的编创。

五行中，木性升发，凡具有升发特点的一类事物运行系统皆归木行。人体肝藏血，主筋、主疏泄，喜条达而恶抑郁，体阴用阳，在五行属木。鹿戏动作柔和，多侧身伸展运动，此类动作能按摩肝胆，牵拉躯体两侧的筋肉与肝、胆经脉。可疏肝强筋、疏通气血，使肝气疏泄、气机条达、气血和调、脉络通利，故鹿戏归木行。

火性炎上，凡具有炎热、向上特点的一类事物运行系统皆归火行。人体心主血脉、主神明，与小肠相表里，在五行属火。猿戏动作多窥、望、抓、跳等动作，机灵迅捷，反应灵敏，可锻炼神志、激发思维、灵活头脑，疏通心、小肠经脉，益心健脑，故猿戏归火行。

土性长养万物，凡具有长养、化生特点的一类事物运行系统皆归土行。人体脾主运化、主统血、主肌肉，与胃相表里，胃主受纳腐熟水谷，为人体水谷之海。脾输布水谷精微，为气血生化之源，人体脏腑百骸皆赖脾之运化水谷精微以濡养，故称之为后天之本，在五行属土。熊戏动作沉稳，其功法多晃运躯体，按摩胃肠等腹腔内脏，疏通脾、胃经脉，有利于提高水谷受纳运化功能，健脾和胃，使人体气血化源充足，气血旺盛、肌肉有力，故熊戏归土行。

金性肃杀，凡具有清肃特点的一类事物运行系统皆归金行。人体肺主清肃、主气、司呼吸，助心行血，通调水道。在五脏六腑中，位居最高，为五脏之长，在五行属金。鸟戏动作轻捷，模仿鸟之翩翩飞翔，可运动胸肺，按摩肺脏，疏通肺、大肠经脉，补肺益气而气贯周身，故鸟戏归金行。

水性润下，凡具有润下特点的一类事物运行系统皆归水行。肾主水、藏精，主骨生髓通于脑，并主纳气。肾为人体脏腑阴阳之本、生命之源，故称为先天之本，在五行属水。虎戏动作凶猛，功法多扑、按，活动腰及脊柱、四肢骨关节，使骨关节得到振动按摩，改善骨关节气血运行。同时能按摩肾脏，疏通肾、膀胱经脉，可补肾、壮骨、益精、固本，故虎戏归水行。水行与冬季及北方相通应，在色为黑，故又有黑虎之称。

国家级非物质文化遗产华佗五禽戏套路54式和健身气功五禽戏的先后排序皆遵陈寿《三国志·华佗传》所载“一曰虎，二曰鹿，三曰熊，四曰猿，五曰鸟”。这一排列若按五行相生之木生火、火生土、土生金、金生水、水生木为序，仅存在熊土与猿火的颠倒问题。将二者按火生土为序换位，即一虎肾水生肝木、二鹿肝木生心火、三猿心火生脾土、四熊脾土生肺金、五鸟肺金生肾水，为一虎、二鹿、三猿、四熊、五鸟之序（图3-49）。至于熊土与猿火的颠倒问题，是否为史学家之笔误，还是另有原由，已无从考证。

图3-49　五禽戏图（黄英绘制）

中医气功五禽戏，功法按照五行相生次序即木生火，火生土，土生金，金生水，水生木，并与五季春、夏、长夏、秋、冬和五化生、长、化、收、藏相关联，将五戏鹿、猿、熊、鸟、虎对应人体五脏肝、心、脾、肺、肾，即一鹿肝木生心火、二猿心火生脾土、三熊脾土生肺金、四鸟肺金生肾水、五虎肾水生肝木，按一鹿、二猿、三熊、四鸟、五虎为序练五戏、强五脏，令五脏相生，生生不息。如《中藏经·生成论》所云："金生水，水生木，木生火，火生土，土生金，则生成之道，循环无穷；肺生肾，肾生肝，肝生心，心生脾，脾生肺，上下荣养，无有休息。"

强五脏，五脏相生，生生不息，也正是古今中医养生家数千年来一直为之探索并期盼达到的健康目标。

三、五禽戏的功法应用

（一）无病先防

对于健康人群无病先防者，可选择习练本功法全套，一日1~2次，一次多遍，式与式首尾相贯，最后做收式引气归元，以微汗出为度，以不觉疲劳为准。适宜老少各年龄层次。

（二）既病防变

对于患有慢性、功能性、心身疾病、虚证及虚中夹实证、疑难病症既病防变者，宜辨病辨证施功。辨病施功，一般针对病变的脏腑选择其中一戏功法；辨证施功则根据证候再选择一至二戏功法。如不寐，是以经常不能获得正常睡眠为特征的一类病证。辨病施功选择猿戏以刺激心神、养心健脑，改善睡眠质量；辨证施功，若为肝气郁结证，再选择鹿戏运动两胁以疏肝解郁。

所选功法反复习练，一日1~2次，每次30分钟左右，微汗出，以不觉疲劳为度，疗程视病情而定。

关于常见疾病的五禽戏功法应用，可参考拙著《华佗五禽戏》下篇—临床应用（人民卫生出版社，2016.9）。

附录

华佗五禽戏功法标志

一、徽标

华佗五禽戏徽标

（商标注册证编码：TMZC26722349D01T190119）

这幅徽标图案，是在练功实践中坚持恪守国家级非物质文化遗产华佗五禽戏基本功法而练出来的，是描绘功法练丹田呼吸与周天功运气以炼气为关键操作的抽象符号，具有象征意义，凝聚着国家级非物质文化遗产华佗五禽戏历代传承人的共识与体验，体现了国家级非物质文化遗产华佗五禽戏功法的文化特点，绘制这一功法标志是华佗五禽戏传承人和所有爱好者的期盼，也是树立文化自信，凝聚共识，传承、发展、推广与应用功法的需要。

1. 徽标主笔为美化的古文“⺮”字，像云气升腾，行云飘然，示意功法的关键操作在调气。“气”之三道，初笔态势似气升，末笔态势如气降。气是宇宙的本原，是构成人体和维持人体生命活动最基本的物质。气的运动变化生、长、化、收、藏谓气化，是人与天地万物发生发展变化的根源。气的运动形式升、降、出、入谓气机，是人体维持生命活动的基本运动形式，存在于人体生命过程的始终，诸如呼吸运动、水谷运化、气血运行等，无不赖于气的升降出入运动来实现。气功炼气的主要功理正是推动气的升降出入运动，增加肺通气量，增强肌肉组织的供氧量，改善周身血液循环，强健脏腑功能，以健身祛病。炼气是意念主导、形体支持的主动呼吸，气功的各种操作主要围绕“气”去完成。意念中的存想和意守，在排除杂念使意境入静的同时导气运行，以意导气；通过动作活动筋骨，依循呼吸调整力度，乃气引形体，形随气动，动作支持气行。

2. 主笔“⺮”之第一与第三笔延长相接成圆所形成的图形，犹如头部口鼻喉正中矢状切面，三道笔画构成的两条间隙像气出入口鼻的气道，是人体从大自然吸入清气排出体内浊气的通道，也是气功炼气的主要操作官窍。气道背后是自下向上运动的“鱼”，寓意吸气时内气自丹田沿人体背侧督脉上行；气道前面是自上向下运动的“鱼”，寓意呼气时内气沿腹侧任脉返丹田，以疏通督任二脉，正是基本功法以逆腹式呼吸为基础练丹田呼吸与周天功运气的关键操作环节。

3. 主笔“⺮”所形成的图形又相似寰宇，上笔延申成鱼居于上而象征天为阳，下笔延申成鱼居于下则象征地为阴，寓意天地阴阳平衡，相互依存，以气为动力，相互推动，循环运动，生生不息。中笔象征天地之间的人，寓意人以天地之气生，人与天地相应，即天、地、人三才之道。同时，主笔三道寓意道家“道生一，一生二，二生三，三生万物”的宇宙之本始。气功炼气将人置于天地之间，顺应四季及昼夜自然规律。如《素问·上天真论》曰：“提挈天地，把握阴阳，呼吸精气，独立守神，肌肉若一。”在心身合一的基础上与天地和谐统一，即天人合一。

华佗五禽戏徽标图案形象描绘了气功炼气的人体气机运动状态，抽象展示了气功炼气的基本操作，揭示了气功炼气的基本功理，并蕴含道家“三生万物”的宇宙本始论和儒家的三才之道，充分彰显了气功融儒、道、医为一体的中医健康养生文化特征。

作品登记证书

登记号：国作登字-2017-F-00411222

作品名称：华佗五禽戏气功徽标　　作品类别：美术作品

作　　者：夏克平　　著作权人：夏克平

创作完成时间：2017年08月30日　　首次发表时间：

以上事项，由夏克平申请，经中国版权保护中心审核，根据《作品自愿登记试行办法》规定，予以登记。

登记日期：2017年11月24日　　登记机构签章

中华人民共和国国家版权局统一监制

国家知识产权局登记证书

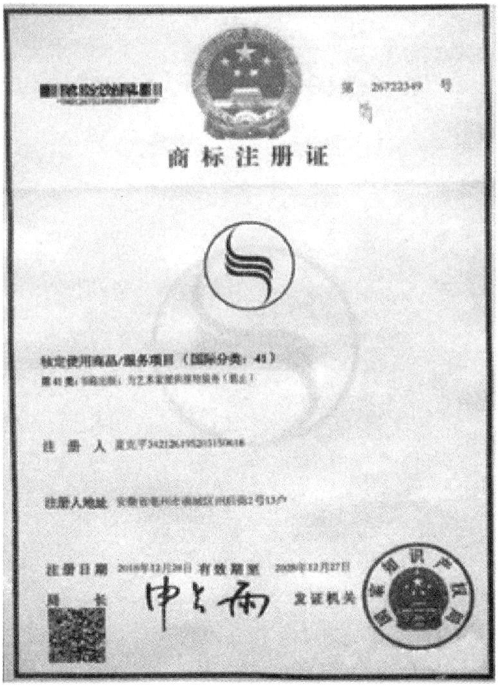

第 26722349 号

商标注册证

核定使用商品/服务项目（国际分类：41）

注 册 人　夏克平

注册人地址

注册日期　　有效期至

局　　长　　发证机关

国家商标局注册证书

同时，图案为气功功法标志，展示气功本貌，揭示气功精髓，彰显气功文化，冀望秉承气功宗旨，传承气功精髓。本徽标经国家版权局正式登记，国家知识产权局商标注册，解释权属设计者国家级非物质文化遗产华佗五禽戏第58代传承人夏克平。

二、练功服

华佗五禽戏练功服的设计，是基于华佗五禽戏基本功法而完成的。华佗五禽戏基本功法在练功服设计上的体现有两个方面。

华佗五禽戏练功服

（专利号：ZL 2018 3 0242321.1）

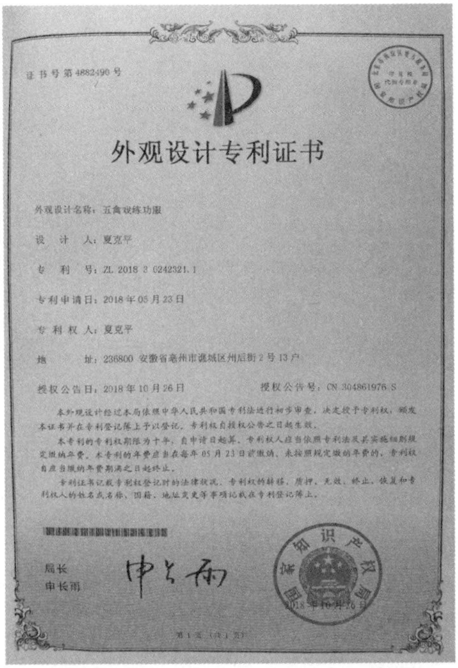

证书号第4882490号

外观设计专利证书

外观设计名称：五禽戏练功服

设 计 人：夏克平

专 利 号：ZL 2018 3 0242321.1

专利申请日：2018年05月23日

专利权人：夏克平

地 址：236800 安徽省亳州市谯城区州后街2号13户

授权公告日：2018年10月26日　　授权公告号：CN 304861976 S

本外观设计经过本局依照中华人民共和国专利法进行初步审查，决定授予专利权，颁发本证书并在专利登记簿上予以登记。专利权自授权公告之日起生效。

本专利的专利权期限为十年，自申请日起算。专利权人应当依照专利法及其实施细则规定缴纳年费。本专利的年费应当在每年05月23日前缴纳。未按照规定缴纳年费的，专利权自应当缴纳年费期满之日起终止。

专利证书记载专利权登记时的法律状况。专利权的转移、质押、无效、终止、恢复和专利权人的姓名或名称、国籍、地址变更等事项记载在专利登记簿上。

局长
申长雨

2018年10月26日

五禽戏练功服外观设计专利证书

1. 寓意功法平衡阴阳。通过服色的搭配对比体现阴阳，夏季款式是上衣白色、下衣灰色；冬季款式为上衣棕红色、下衣黑色，形成阴阳对比。练功时，开势上肢动作向外缓慢均匀轻轻用力，收腹，扩胸，吸气，以培补阳气；合势上肢向内缓慢均匀轻轻放松，松腹，缩胸，呼气，以滋补阴气。通过一上一下、一外一内、一开一合、一吸一呼以平衡阴阳。练功服色调搭配所形成的阴阳对比，寓意基本功法的上与下、内与外、开与合及吸与呼的平衡阴阳功法功理。

2. 寓意功法取坎填离，水火既济。通过上衣前襟六个长纽扣的夏款灰、白（冬款黑、红）对比搭配，自上而下，一灰一白（一黑一红）交替，呈现上三个扣上、下灰（黑）而中间白（红）构成八卦之坎卦；下三个扣上、下白（红）而中间灰（黑）构成离卦，上坎下离组成64卦之既济卦。按《周易》既济卦义，水位于下而向上运动以滋润在上的火，火居上而向下运动以温煦在下的水，水火既济以推动生命运动。天与地，雄与雌，皆以既济状态而生生不息。人体是一个有机的整体，脏腑、气血、内外、左右、上下相交贯通平衡才能维持正常生命活动，保持健康。华佗五禽戏基本功法练丹田呼吸行周天功运气，收腹吸气导气自丹田沿督脉向上，松腹呼气导气沿任脉下返丹田，乃坎上离下，取坎填离，水火既济；心位居于上属火，肾位居于下属水；肾水向上滋润心火，使心火不亢；心火向下温煦肾水，使肾水不寒，水火既济，心肾相交，以维持机体阴阳平衡，运用周天功导气正是促进水火既济心肾相交。若外感六淫，内伤七情，饮食不节，劳逸失度，心肾不交，水火不济，导致人体脏腑阴阳气血失调，便发生疾病。坚持习练华佗五禽戏，可令心肾相交，水火既济，维持脏腑阴阳平衡，增进健康，预防疾病。

参考文献

1. 刘天君. 中医气功学［M］.（第2版）. 北京：中国中医药出版社，2011.

2. 胡春申. 中华气功学［M］. 成都：四川大学出版社，1989.

3. 林雅谷. 中国医学百科全书：气功学［M］. 上海：上海科学技术出版社，1988.

4. 董文焕. 亳州华佗五禽戏［M］. 香港：香港天马图书有限公司，2002.

5. 夏克平. 华佗五禽戏［M］. 北京：人民卫生出版社，2016.

6. 黄健. 中国医学气功学会推荐功法（第一辑）［M］. 北京：中国中医药出版社，2017.

7. 国家体育总局健身气功管理中心. 健身气功·五禽戏［M］. 北京：人民体育出版社，2003.

8. 王先谦. 诸子集成第三册庄子集解［M］. 北京：中华书局，1954.

9. 南京中医学院医经教研组. 黄帝内经素问译释［M］. 上海：上海科学技术出版社，1959.

10. 高思华，王键. 中医基础理论［M］.（第2版）. 北京：人民卫生出版社，2001.
11. 邵水金. 正常人体解剖学［M］. 北京：中国中医药出版社，2012.
12. 陆爱云. 运动生物力学［M］. 北京：人民体育出版社，2010.
13. 张荣明. 中国古代气功与先秦哲学［M］. 上海：上海人民出版社，1987.
14. 龚婕宁，宋为民. 新编未病学［M］. 北京：人民卫生出版社，2005.

后 记

记得2016年孟冬的一天，我专程拜访时任中国医学气功学会副会长兼秘书长刘天君教授，他耐心地听取了我对华佗五禽戏基本功法逆腹式呼吸、丹田呼吸和周天功的体会和练法，并询问我运用周天功的一些细节操作问题，建议我设计有自己功法标志的练功服等，还谈及了如何避免气功动功误练为体操的问题，使我深受启迪。正是那次交谈之后，我便利用业余时间开始总结整理华佗五禽戏基本功法，并设计有基本功法标志的徽标和练功服。

2018年的暑季，时任北京中医药大学针灸推拿学院副院长张海波教授（现任中国医学气功学会秘书长）和团委书记石森带领学生一行12人，组成“北中医‘亳州访五禽京华传气运’青年实践团”，来亳考察体验中医气功五禽戏，并对基本功法的习练操作与术式的编排、教学及推广提出了宝贵的意见和建议。

世界医学气功学会副主席魏玉龙教授，对中医气功五禽戏对外交流给予了有力支持，推动了该功法走向世界。

安徽中医药大学人文与国际交流教育学院、针灸推拿学院和体育部对中医气功五禽戏功法的研究、推广、应用与对外交流等方面给予了鼎力支持。

北京伟达中医肿瘤医院，率先把中医气功五禽戏作为该院体疗的内容，融入医院整体治疗的药疗、食疗、心疗和体疗四位一体疗法之中，并在全院进行功法培训、普及。

上海聚祈健康管理咨询有限公司、安徽心礼汇健康产业发展有限公司积极推广中医气功五禽戏，做了大量扎实有效的工作。

安阳市中医院是全国首个在三级甲等中医医院建立华佗五禽戏推广基地的中医医疗单位，面向广大人群推广普及中医气功五禽戏功法，并将功法应用在高血压、心衰等疾病的康复上，为中医气功参与慢性病的康复进行了积极的探索。

亳州市暨谯城区卫生健康委员会、文化旅游体育局，市人民医院、市中医院、市华佗中医院、市华佗研究会、市老年体育协会，市武术协会首任主席金汉文等机关、单位、组织及个人，对中医气功五禽戏的推广与应用给予了大力支持，推动了功法走出亳州。

亳州市华佗中医院作为国家级非物质文化遗产华佗五禽戏的传承推广基地，中医气功五禽戏的编创单位，数十年来，不仅全力支持这一宝贵遗产的传承、推广、应用与研究，还参加创建亳州市华佗学术研究会，并筹备举办数届国内、国际华佗学术研讨会，为华佗五禽戏走出亳州搭建平台。

同事程玉峰主任，率先带领全科医护人员习练普及中医气功五禽戏功法，并开展临床应用研究。曾教50例慢阻肺稳定期患者习练中医气功五禽戏，每天1~2次，每次30分钟，连续6个月，进行生活质量、肺功能和临床疗效观察，结果说明长期习练中医气功五禽戏，可延缓患者肺功能下降进程、改善患者呼吸肌疲劳、提高患者的生存质量，对临床症状改善有积极作用。同时，对COPD的发生具有良好的预防和辅助治疗作用，是一种简便易行的肺康复方法，值得临床应用和推广。2015年于《中医药临床杂志》先后发表《华佗五禽戏对慢性阻塞性肺疾病（COPD）稳定期患者临床疗效观察》《传统华佗五禽戏对慢性阻塞性肺疾病稳定期患者肺功能的影响》《传统华佗五禽戏提高COPD稳定期患者生活质量的临床研究》等论文。更可贵的是，在这次新冠肺炎大流行的抗疫中，他作为亳州市中医院首批奔赴亳州市定点医院的专科技术骨干，带领新冠肺炎患者习练中医气功五禽戏补肺功法，促进肺功能康复。他所在科室支援武汉抗疫的张轶群医生，在方舱医院把中医气功五禽戏补肺功法改成了补肺操，教新冠肺炎患者习练，发挥了中医气功五禽戏主动锻炼扶正祛邪作用，为抗击新冠肺炎疫情做出了积极贡献。

团队成员们来自各行各业，或在亳州或在全国各地，有耄耋老人、有风华正茂的青年、有祖孙三代的一家，也有脑梗、高血压、糖尿病、慢阻肺、睡眠障碍等患者，他们用切身体验证明了国家级非物质文化遗产华佗五禽戏基本功法的推广应用价值。

余作为亳州传统华佗五禽戏俱乐部会员，由衷感恩董文焕先师创办这一俱乐部并传道施惠，感谢俱乐部让我负责华佗五禽戏功法研究工作，感谢师兄弟们给予的有力支持，为我总结整理完善国家级非物质文化遗产华佗五禽戏基本功法创造了条件。

在功法标志徽标的绘制上，亳州市中医院中医师李浩然、亳州人群户外有限责任公司美工师王丽先后将余构思绘出的草图在电脑上美化润色加工完成。

袁丽图片设计，曹振摄影，斑马文化传媒公司摄影师刘路视频录制，更是不辞辛劳。河南画家、教师黄英，精心绘制了《五禽戏图》，为阐释五禽戏功法提供了直观视图，难能可贵。

正是他们的支持，拙著的编撰才得以完成。在此，谨向他们致以最诚挚地谢意！

祈望同仁和广大爱好者结合练功实际，对拙著提出修改意见和建议，以利于该功法的传承、推广与应用。